AF263180

DU

CORPS MUNICIPAL

DE LISIEUX,

Par A.-J.-L. D.........

LISIEUX,

IMPRIMERIE DE J.-J. PIGEON,

GRAND'RUE, 53.

—

1850.

DU

CORPS MUNICIPAL

DE LISIEUX.

On ne peut préciser l'époque à laquelle les conseillers de ville furent établis à Lisieux, attendu qu'anciennement, la justice de l'évêque, qui était seigneur temporel, remplissait les fonctions civiles et judiciaires, et, jusqu'en 1789, s'occupa seule de la police de la ville.

Thomas Bazin, l'un de nos plus savans évêques, qui occupa le siége de Lisieux depuis 1447 jusqu'en 1474, fut le premier qui consigna, dans une charte du 30 mars 1448, le droit qu'avaient les habitans, de nommer des conseillers, pour, en présence et sous la présidence de sa justice, s'assembler un jour de chaque semaine, afin de traiter des affaires de la ville, et recevoir les comptes des receveurs et *entremectiers*. Lors des affaires de *conséquence*, et de la reddition des comptes, on devait appeler un nombre suffisant de bourgeois pour les assister dans ces opérations.

On voit, d'après cette charte, que ce prélat, désirant connaître comment la police était exercée et les affaires administrées, avant son épiscopat, fit une information auprès des gens d'église, nobles, bourgeois et habitans, et qu'il acquit la certitude qu'avant son arrivée en cette ville, les affaires se traitaient ainsi que je viens de le dire. Cette pièce contient même une élection faite en sa présence, par dix-huit bourgeois, de quatre d'entre eux pour être conseillers de ville pendant un an.

Ce qui précède prouve que déjà il y avait des conseillers de ville, dont le pouvoir était, à la vérité, très-limité, et qu'ils étaient élus chaque année.

S'il fallait s'en rapporter à un titre que je vais citer, cet évêque, ou son prédécesseur (1), aurait autorisé les habitans à acquérir une maison, afin de s'y réunir pour traiter des affaires de la communauté; mais cette pièce est loin d'être authentique: elle est sans date, sans nom d'évêque, et écrite sur du papier, tandis que toutes les chartes de cette époque

______

(1) Pasquier de Vaux, qui occupa ce siége depuis 1443 jusqu'en 1447.

sont sur parchemin, datées, scellées, et portent le nom de l'évêque. M. Rouxel de Médavy, peu de temps avant sa mort, en fit prendre une copie par les tabellions de Lisieux, le 11 avril 1617. Au dos est écrit : « Etablissement de la Chambre-de-Ville, en » 1447. »

Pasquier de Vaux étant décédé le 11 juillet 1447, Thomas Bazin fut nommé pour lui succéder, le 11 octobre de la même année; et ce ne fut que le 23 février que la chambre des comptes de Rouen lui délivra le temporel de l'évêché. Ces deux événemens, la mort de l'évêque et la nomination de son successeur, arrivés dans la même année que celle de cet acte, causent l'incertitude dans laquelle on est. Je présume, par les motifs exprimés plus haut, que cette pièce n'aurait été qu'un projet qui fut réalisé plus tard, probablement sous l'épiscopat de Thomas Bazin.

La justice de l'évêque fut d'abord exercée par des sénéchaux ; mais, par lettres-patentes données à Blois, au mois de février 1523, François 1er supprima les dénominations de sénéchal et de sous-sénéchal à Lisieux, et les remplaça : celle de sénéchal, par celle de bailli ; et celle de sous-sénéchal, par celle de vicomte. Ces lettres-patentes furent enregistrées au parlement de Rouen le 12 août 1524. Le vicomte présidait encore, dans le

xvie siècle, le corps municipal, composé de
quatre conseillers de ville. Le bailli, qui
succéda au vicomte dans cette fonction, ne
cessa de le présider que vers le milieu du
xviiie siècle.

Les échevins succédèrent aux conseillers
de ville; on ne peut savoir à quelle époque
ce changement s'opéra à Lisieux; ce dut être
au commencement du xviie siècle : car on
trouve encore des conseillers de ville en
1598; mais les registres des actes du corps
municipal, depuis 1573 jusqu'en 1644, n'existant pas à l'Hôtel-de-Ville, je n'ai pu vérifier l'époque dè leur institution ; les premiers
que j'ai trouvés dans des pièces particulières
sont de 1617. Cette dénomination subsista
jusqu'en 1789.

Le titre de maire fut créé à Lisieux probablement après celui d'échevin ; le premier
dont les registres de l'Hôtel-de-Ville fassent
mention se nommait Claude de Mongouin.
Le 1er février 1695, les habitans élurent en
sa présence un colonel et un major, en exécution de l'arrêt du conseil d'état du 16
novembre 1694, il portait le titre de conseiller du Roi et de maire perpétuel. Ce fonc-
tionnaire fut bailli en 1705. Il est probable
que l'évêque avait obtenu que les deux offices fussent réunis et exercés par la même
personne. Le corps municipal était alors com-

posé d'un maire, de deux échevins, d'un procureur du Roi, d'un substitut et de conseillers.

Louis XIV, dont les guerres et les prodigalités avaient épuisé les finances, imagina, pour se procurer des ressources, de vendre les charges municipales. Par arrêt du conseil d'état du 21 décembre 1706, il chargea un sieur Jean-Jacques Clément, bourgeois de Paris, de la vente de celles de ses conseillers-maires et lieutenans de maires, alternatifs et triennaux créés héréditaires par édit du même mois; en attendant que ces offices pussent être vendus. Un autre arrêt du conseil du 2 août 1707, le chargea de commettre à l'exercice de ces fonctions telles personnes que bon lui semblerait. Par acte passé devant les conseillers du Roi, gardes-scel du Châtelet de Paris le 29 août 1707, Germain Rioult, sieur de Boishesbert, élu en l'élection, fut commis à l'office de conseiller du Roi, maire alternatif et mi-triennal, par ledit sieur Clément. Il fut installé par M. de Mongouin qui prenait alors le titre de maire ancien et mi-triennal. Il était encore bailli de l'évêché et présidait en cette qualité, avant cette nomination, le corps municipal.

Par acte passé devant les mêmes, le 23 septembre 1707, le sieur Clément commit à cette place Romain Cuidorge, sieur de Rudemont, avocat, il fut installé le 14 janvier 1708, par M. de Mongouin ; cependant dès le 28 septembre 1707, cette nomination avait été révoquée par celui qui l'avait faite, et le sieur de Boishesbert fut commis de nouveau et réinstallé le 25 juin 1708.

Par arrêt du conseil d'état du 24 février 1711, le sieur Alphonse Hattauville, bourgeois de Paris, fut subrogé au sieur Clément pour la vente de ces offices, et d'après un acte passé devant les notaires au Châtelet de Paris, le 13 septembre 1712, Pierre Levallois, avocat-fiscal au balliage de cette ville, acheta cet office moyennant 2,200 fr., et le 21 du même mois, il fut installé par M. de Mongouin.

Par un édit du mois de juin 1717, Louis xv supprima les charges des officiers de ville. Une déclaration du 17 juillet suivant et un arrêt du conseil du 28 août de la même année, fixèrent la manière de procéder à l'élection des officiers municipaux. Mais ces actes ne furent point exécutés à Lisieux, car le 27 novembre de cette même année 1717, on trouve en qualité de *maire-né* de ladite ville, François-Joseph Paisant, bailli vicomtal ; on ne connaît pas l'époque de son installation ; il administrait conjointement avec trois échevins qui, depuis le 18 novembre 1743, administrèrent seuls.

Un autre arrêt du conseil d'état du 18 avril 1747, ordonna que les villes et communautés procéderaient de la manière accoutumée à l'élection des sujets nécessaires pour exercer les offices réunis à leurs corps, et les élections suivantes furent seulement approuvées par l'intendant d'Alençon. Ce fut à cette époque que le bailli cessa de présider le corps municipal, dont le pouvoir était alors très-restreint.

Au mois de juillet 1766, Louis xv rendit un édit concernant l'administration municipale dans les villes et principaux bourgs de la province de Normandie; il fut enregistré au parlement de Rouen, le 13 octobre de la même année et portait que dans les villes et bourgs de 4,500 habitans et au-dessus, les corps municipaux seraient composés d'un maire, de quatre échevins, de six conseillers, d'un syndic et d'un secrétaire-greffier, ces deux derniers sans voix délibérative; que ces fonctionnaires seraient élus par les notables; que le maire serait choisi par le Roi sur trois candidats présentés; qu'il ne pourrait être pris que parmi ceux qui auraient déjà rempli cet office, ceux d'échevins ou ceux de conseillers; que ses fonctions seraient de trois ans; celles des échevins de deux; celles des conseillers de six et celles des notables de quatre.

Le 5 décembre 1776, Louis xvi rendit une ordonnance relative à l'administration municipale de Lisieux ; le bureau ordinaire devait être composé du maire, des quatre échevins, du procureur syndic, du secrétaire greffier et du receveur, ces trois derniers sans voix délibérative ; huit notables réunis au bureau ordinaire devaient former le conseil-général. Le maire devait être trois ans en exercice, les échevins quatre, les notables six.

Il est probable que depuis long-temps le corps municipal était jaloux de ce que le bailli exerçait seul la police de la ville et qu'il ne cherchait qu'une occasion pour partager cette autorité ; elle se présenta.

Le prix du pain était alors fixé le mardi dans une assemblée présidée par le bailli.

Le mardi, 9 décembre 1777, se réunirent pour cet effet à l'Hôtel-de-Ville, à deux heures après-midi, le maire qui était aussi lieutenant-général au bailliage de Lisieux, le procureur fiscal dudit bailliage, un chanoine député du chapitre de la cathédrale, deux échevins, un notable assistés du greffier ordinaire du bailliage. Après avoir attendu jusqu'à trois heures, sans qu'aucun des autres juges de la police eussent comparu, le procureur fiscal conclut à ce que l'on passât outre, et que l'on taxât le pain , ce qui fut fait. Mais on ne s'en tint pas là ; le procureur fiscal déposa un réquisitoire tendant à ce que l'assemblée fît un règlement concernant la police de la ville ; ce règlement, qui contenait quinze articles , fut arrêté , et il fut homologué par arrêt du parlement de Rouen du 19 du même mois.

A la nouvelle d'un tel abus de pouvoirs , l'évêque, qui était alors M. de Condorcet, crut son autorité temporelle méconnue ; et son bailli, M. Bourdon, qui, depuis trente ans , exerçait cette charge, qui prenait le titre de seul juge de police et qui était très-jaloux de ses prérogatives , crut son pouvoir anéanti ; il était aussi subdélégué de l'intendant d'Alençon : on ne connaissait à Lisieux que M. Bourdon pour toutes les affaires , et quand on prononçoit son nom , chacun s'inclinait devant son autorité. C'était un homme juste, ferme et d'une austère gravité.

De part et d'autre , on publia des mémoires, où chacun faisait valoir ses moyens, mais l'évêque avait pour lui les titres et la possession depuis des siècles. Le prélat ni son bailli ne virent pas la fin de ce procès , M. de Condorcet mourut en 1783, et M. Bourdon en 1784.

M. Ferron de La Ferronnays , successeur de M. de Condorcet , désira terminer ces débats à l'amiable , et par acte passé devant M⁰ Guillaume-Gabriel Daufresne , notaire en cette ville , le 2 mai 1785 , notre dernier évêque et le corps municipal , pour mettre fin au procès qui pendait à la cour du parlement de Rouen , firent une transaction dans laquelle il fut stipulé que :

« 1° Les officiers de la haute justice (de » l'évêque) continueront d'avoir et exercer » toute la police dans la ville et banlieue » de Lisieux , et de faire en leur prétoire » tous et tels règlemens de police dans » lesquels ils sont en possession, de don- » ner les alignemens , faire paver et né- » toyer les rues , taxer les boucheries de » carême , et généralement sur tous les ob- » jets relatifs au bien , sureté et commo- » dité publique ;

» 2° Cependant les règlemens à faire pour » la taxe du bled , du pain , viande , vin , » chandelle , volaille , gibier et autres den- » rées et comestibles , seront faits , le cas » échéant , conformément à l'arrêté de la » cour de 1651 , en l'Hôtel-de-Ville , par » lesdits juges de la police du comté de » Lisieux , deux chanoines , deux échevins » et deux notables députés , et sur le ré- » quisitoire du sieur procureur fiscal ;

» 3° Il en sera de même des essais à » faire incessamment pour fixer le prix à

» accorder aux boulangers pour leur ma-
» nipulation et fabrique du pain , lesquels
» seront faits comme il est dit en l'article
» précédent, en l'Hôtel-de-Ville et par l'avis
» desdits sieurs députés et sur le réquisi-
» toire dudit sieur procureur fiscal ;

» 4° Que s'il y a à faire par la suite quel-
» ques changemens de places, marchés, sup-
» pressions et percement de rues , ils ne le
» seront qu'après que ladite ville aura été
» consultée.

» 5° Et sur ce qui a été représenté par la
» ville audit seigneur évêque, qu'il convien-
» drait faire un plan géométral des rues et
» faubourgs de cette ville pour déterminer
» d'une manière invariable les redressemens
» et élargissemens à donner auxdites rues ,
» et procurer à l'avenir une sorte de décora-
» tion et commodité en cette ville , ledit sei-
» gneur, trouvant juste la représentation des
» sieurs officiers municipaux à cet égard, et
» voulant concourir autant qu'il est en lui
» au bien public qui peut résulter de cette
» opération, a promis auxdits sieurs officiers
» municipaux de faire arrêter incessamment
» un plan et procès-verbal par les officiers
» de sa justice, des changemens à faire aux-
» dites rues ; lequel procès-verbal ; portant
» règlement sur lesdits objets, sera présenté
» aussitôt à la cour, pour en solliciter l'ho-

» mologation, à l'effet de procurer à ce rè-
» glement toute son exécution, qui appar-
» tiendra exclusivement auxdits officiers de
» la justice épiscopale ; duquel plan et régle-
» ment homologués copie en forme sera re-
» mise aux officiers municipaux, pour être
» déposée au greffe de leur hôtel, et y avoir
» recours en cas de besoin.

» 6° MM. les officiers municipaux demeu-
» rent entiers dans leurs droits de juridic-
» tion de police sur les manufactures et
» ouvriers, conformément aux édits et or-
» donnances rendus sur la police des manu-
» factures.

» Les officiers de la justice de l'évêché et
» comté de Lisieux demeurent aussi entiers
» en leurs droits de juridiction sur les ques-
» tions de police en tout genre, dont ils ont
» la possession dans la ville et banlieue.

» 7° Et au moyen de la présente, ledit
procès demeure éteint et terminé, etc. »

Cette transaction qui devait avoir aplani
toutes les difficultés, renfermait cependant
des germes de discussion qu'une plus grande
clarté eût évitée. Les deux paragraphes de
l'article 6 furent diversement interpretés,
et, dès l'année suivante, de nouvelles con-
testations eurent lieu.

Louis XIV par un édit du mois d'août 1669
et par d'autres subséquens, voulant que les

difficultés entre les maîtres et les ouvriers fussent jugées sommairement, ordonna que les maires, échevins et autres officiers des Hôtels-de-Ville jugeraient ces affaires et connaîtraient de toutes celles relatives aux manufactures.

Le 24 décembre 1787 dans une assemblée du corps municipal *en l'audience de la juridiction des manufactures*, M. de Neuville, premier échevin, se plaignit de ce que les juges de la haute-justice s'attribuaient la connaissance de ces matières, il cita deux entreprises qui prouvaient son avancé :

« La première s'est commise le samedi 18 » mars 1786. Pierre Jacquette, ouvrier en » toile, fit commettre assignation au sieur » Boscage, marchand, paroisse Saint-Jac- » ques, à comparoir le même jour, à l'Hôtel- » de-Ville, pour être condamné à lui déli- » vrer une chaîne nécessaire pour continuer » son travail, attendu qu'il n'avait point » été averti de la résolution du sieur Bos- » cage de le quitter et de le laisser sans » travail.

» Le sieur Boscage n'ayant point comparu » à la juridiction des manufactures, fut » condamné par défaut aux conclusions » prises par Jacquette.

» Le sieur Boscage fit assigner devant le » haut-justicier de Lisieux ledit Jacquette,

» qui y comparut et proposa une fin de non-
» recevoir, résultant de la sentence rendue
» en la juridiction des manufactures le 18
» mars et qu'il avait fait signifier le 20 au-
» dit sieur Boscage.

» Le bailli haut-justicier, sans égard au
» jugement de la juridiction des manufac-
» tures, rendit une sentence contraire et dé-
» bouta Jacquette de sa fin de non-recevoir.
» Il fit publiquement de fortes réprimandes
» aux sergens qui avaient assigné en l'Hôtel-
» de-Ville, et lui défendit de récidiver.

» Jacquette, pauvre et sans moyen de faire
» vider ce conflit de juridiction imprudem-
» ment élevé par le juge de la haute-justice,
» a été obligé de payer les frais, ou de s'ar-
» ranger avec le marchand.

» La deuxième vient de se commettre le
» 6 novembre dernier. Un fabricant de toiles
» avait vendu au sieur Quesney, marchand
» en cette ville, une pièce de toile en ser-
» viettes, sur laquelle ce dernier avait payé
» 60 livres à compte. Après l'avoir visitée et
» reconnu qu'elle n'était pas conforme aux
» règlemens, il refusa de payer le surplus
» à l'ouvrier, qui l'assigna devant le juge
» de la haute-justice. Sur l'objection que fit
» le sieur Quesney, de la défectuosité de la
» toile, ce qui était, pour le juge, un aver-
» tissement de renvoyer la connaissance de

» cette contestation devant les juges de la
» police des manufactures, qui en devaient
» connaitre, il a, au contraire, rendu une sen-
» tence qui a ordonné qu'elle sera visitée par
» les gardes de la communauté, pour cons-
» tater si cette toile était fabriquée suivant
» les règlemens, et en faire leur rapport. »

J'ignore qu'elle a été la suite de ces débats; mais la révolution arriva et y mit un
terme, par la suppression des justices sei-
gneuriales.

En 1789, l'on établit dans presque toutes
les communes *des comités généraux nationaux.*
Celui de Lisieux fut formé le 26 juillet; il
était composé du maire président, des officiers municipaux, d'un deputé du corps de
la noblesse, d'un autre des privilégiés, de
deux pour chacune des communautés des fa-
bricans de toiles et de frocs, un pour chacun
des autres corps de métiers, un pour le chapitre, un pour le clergé des trois paroisses
et un pour les religieux réguliers (les Domi-
nicains, les Mathurins et les Capucins). Ce
comité administra jusqu'à la fin de février
1790.

Le 14 décembre 1789, l'Assemblée nationale rendit un décret sur la composition de
toutes les municipalités; il fut sanctionné
par le Roi dans le courant du même mois
et portait que les maires et les membres des

corps municipaux seraient élus pour deux ans, par les habitans, et que les assemblées d'élection tiendraient le dimanche d'après la Saint-Martin (1). Le corps municipal fut alors composé d'un maire, de onze officiers municipaux, d'un procureur de la commune, d'un substitut et de vingt-quatre notables.

En 1793 et 1794, le gouvernement républicain envoya dans plusieurs départemens des *représentans du peuple*, avec des pouvoirs assez étendus, et chargés de renouveler les administrateurs lorsqu'ils le jugeraient à propos.

D'après la constitution du 22 août 1795 et la loi du 7 septembre suivant, les maires furent supprimés et remplacés par des administrations municipales dont les membres étaient élus par les habitans et le président de chaque administration par elle-même et pris dans son sein. Leurs fonctions étaient de deux ans. L'administration municipale fut alors composée de sept membres y compris le président, et d'un commissaire du directoire exécutif.

La loi du 17 février 1800, rétablit le titre de maire, et d'après l'article 13 du sénatus-consulte du 4 août 1802, les maires et les

____

(1) Pour être électeur alors, il fallait être âgé de 21 ans, ne pas être domestique à gages et payer la valeur de trois journées de travail. (La cote personnelle.)

adjoints devaient être choisis dans le conseil municipal, nommés par le premier Consul et être cinq ans en exercice. Le corps municipal fut alors composé d'un maire, de deux adjoints et de trente membres du conseil municipal.

La loi du 31 mars 1831, rendit aux communes l'élection de leurs corps municipaux. Pour remplir les dispositions de cette loi, le 8 août suivant, le conseil municipal divisa la ville en cinq sections, et une ordonnance du Roi du 28 octobre, approuva cette division. Cinq cent quatre-vingt-douze électeurs, pris parmi les plus imposés, divisés entre les sections, procédèrent dans le mois de novembre, à deux jours d'intervalle, à l'élection de vingt-sept conseillers municipaux, parmi lesquels le Roi devait choisir le maire et les deux adjoints.

Ce mode d'élection subsista jusqu'en 1848.

A cette époque, la république ayant été proclamée à Paris, le 24 février, on institua, dans beaucoup de localités, des commissions chargées de l'administration. M. Demortreux, président du tribunal civil, et depuis représentant du peuple, ayant été institué commissaire provisoire pour l'arrondissement de Lisieux, nomma, le 1er mars, la commission municipale provisoire, qui devait remplacer l'administration et le conseil municipal. Elle

était composée de MM. Cosnard-Labretonnière, ancien notaire ; Delaporte, avoué ;
Dulong, architecte ; Fauque, avoué ; Bivel,
propriétaire ; Roger, avocat, tous membres
de l'ancien conseil municipal ; Daumesnil,
membre du tribunal de commerce ; Yon, ancien avoué ; Périnne, avocat ; Morain, négo-
ciant ; Delaunay , propriétaire. Ils furent
installés le 2 mars. MM. Cosnard, Fauque,
Yon, Roger ayant donné leur démission à
différentes époques, elle ne comptait plus
que sept membres lors des élections municipales. MM. Bivel, Daumesnil, Périnne et
Morain n'ayant pas été élus, elle resta composée de MM. Delaporte, Dulong et Delau
nay, qui administrèrent jusqu'au 25 septembre, époque à laquelle ils donnèrent
leur démission.

Un décret de l'Assemblée nationale, du
3 juillet 1848, prescrivit le renouvellement
des conseils municipaux, de ceux d'arrondissement et de département, d'après le mode
du suffrage universel. La ville conserva les
cinq sections formées en 1831. Le nombre
des électeurs inscrits était de 3103. Au premier tour de scrutin, le 30 juillet, le nombre
des votans était de 1655 ; on portait sur la
liste 27 noms, nombre des conseillers à élire,
et 10 conseillers municipaux obtinrent la
majorité. Le lendemain, le nombre des vo-

ïans était de 1707, et 17 autres conseillers furent élus.

L'administration resta composée telle qu'elle l'avait été par la loi du 21 mars 1831.

Magistrats présidant le corps municipal.

Il est probable que les sous-sénéchaux s'occupaient principalement des affaires civiles et qu'ils présidèrent les premiers conseillers de ville, puisque leurs successeurs, les vicomtes et plus tard les baillis-vicomtaux, présidèrent le corps municipal.

Je vais donner la liste de ceux dont j'ai pu trouver les noms dans différentes pièces, ainsi que ceux des vicomtes et des baillis, qui présidèrent le corps municipal.

Sous-Sénéchaux.

1426. Thomas Le Pourry.
1431. Cosme de Banery.
1437. Jean Vipart, écuyer.
1439. Robert Le Perchié.
1442. Jean Le Aynel, vicomte d'Orbec, ayant la charge du gouvernement de la sous-sénéchaussée; le temporel de l'évêché étant en la main du Roi pour cause de régale (1).

(1) On nommait droit de régale celui qu'avait le Roi de percevoir les revenus de l'évêché pendant la vacance du siége.

1443. Jean de Louraille.
1444. Jean Vipart.
1448. Jean Le Aynel.
1454. Jean Vipart.
1470. Simon de Conflans, écuyer.
1483. Pierre Cardonel.
1503. Roger Duval, juge du négoce et affaires de l'état commun, ainsi que
les suivans :
1521. Guillaume Toutain, juge-commis au
régime et gouvernement de la sous-
sénéchaussée.
1522. Henri de Bernières.

Vicomtes.

1524 François Osmont, écuyer.
1534. Germain Duval.
1557. Pierre de la Porte.

On voit, par les délibérations du corps
municipal, qu'en 1573, c'était encore
M. Pierre Delaporte qui présidait ce corps,
sous le titre de vicomte.

Bailli vicomtal.

Les registres, depuis le 18 mai 1573 jusqu'au 22 mai 1644, n'existant pas, je n'ai
pu vérifier en quelle année le titre de
vicomte cessa d'exister ; ce fut certainement
pendant cet espace de temps ; car le premier

que l'on trouve après cette époque, présidant l'administration, fut

En 1644. François Morin, sieur de la Desmarière, bailli vicomtal.

Il y a encore une lacune dans les registres du corps municipal, depuis 1647, époque à laquelle figure encore M. Morin, jusqu'en 1696.

Maires.

A cette dernière époque figure M. Claude de Mongouin, maire; il est cité dans une pièce particulière, en 1695; il prenait le titre de conseiller du roi et de maire perpétuel; il exerça jusqu'en 1712. Il était bailli vicomtal en 1705, et probablement les deux offices avaient été réunis. Lors de l'installation des maires suivans, jusqu'en 1712, il prenait le titre de maire mi-triennal et de maire ancien.

1708. Germain Rioult, sieur de Boishesbert, élu en l'élection, nommé conseiller du roi, maire alternatif et mi-triennal, le 29 août 1707, installé le 7 janvier 1708, par M. de Mongouin.

1708. Romain Cuidorge, sieur de Rudémont, avocat, nommé le 23 septembre 1707, installé le 14 janvier 1708, par le même.

1708. M. Rioult, sieur de Boishesbert, nommé de nouveau et réinstallé le 25 janvier 1708, par le même.

1712. Pierre Le Vallois, avocat fiscal au bailliage, nommé le 13 septembre 1712 ; il acheta cette charge 2,200 livres, et fut installé le **21**, par M. de Mongouin, qui, jusqu'alors, malgré la nomination des deux premiers, prenait le titre de maire, et présidait presque toujours le corps municipal. M. Le Vallois exerça jusqu'en 1717.

Un édit de Louis xv, du mois de juin 1717, supprima les officiers de ville ; et, d'après une déclaration du roi, du 17 juillet suivant, on procéda à l'élection de trois échevins, qui, sous la présidence du bailli vicomtal, formèrent le corps municipal.

Bailli vicomtal.

1717. François-Joseph Paysant présida le corps municipal jusqu'au 18 novembre 1742. Environ six mois avant cette dernière époque, il ne prenait plus que le titre de maire honoraire ; et l'on voit, par sa signature, qu'il était fort âgé ou infirme.

*Maires nommés d'après l'arrêt du conseil d'état
8 avril 1747.*

Gabriel Desperrois, élu le 18 juin 1747, installé le 10 juillet.

Jean Pollin-Boislaurent, élu le 5 juillet 1750, installé le même jour.

Alexis Panthou, élu le 1er juillet 1753, installé le 28.

Jean Lecesne, élu le 11 juillet 1756, installé le 28.

Le 24 juin 1759, Jacques-Augustin-Louis Lecavellier fut élu, mais n'accepta pas.

Nicolas-Marie Vata, avocat, élu le 1er août 1759, installé le 11.

Guillaume Poret, sieur Dulongval, élu le 17 mars 1765, installé le 26 avril, après avoir prêté serment au parlement de Rouen.

*Maires nommés d'après l'édit du mois de
juillet 1766.*

Jean-Armand-Antoine Devoyne, sieur de Formanel, écuyer, ancien garde du Roi, nommé par le Roi le 12 janvier 1767, installé le 30.

Noël Lerat, échevin, lieutenant-général au bailliage vicomtal, nommé le 22 janvier 1770, installé le 7 février suivant.

Ce fut sous l'administration de M. Lerat que fut acquis l'Hôtel-de-Ville actuel.

L'ancien était situé un peu au-dessus de la fontaine de la Grand'Rue. Les officiers municipaux, vu son mauvais état, demandèrent l'autorisation d'en acquérir un autre; et, par arrêt du conseil d'état du 6 juin 1770, ils furent autorisés à acheter l'Hôtel actuel, à vendre l'ancien, et en même temps à faire élever les cintres de trois portes de la ville. Pour faire face à ces dépenses, le même arrêt les autorisait à emprunter 15,000 livres, et à y employer les fonds provenant de la vente de l'ancien hôtel. Des lettres-patentes du roi, du 16 juillet, confirmèrent ces autorisations. Après les informations préalables, le Parlement de Rouen enregistra ces lettres-patentes le 14 novembre, et, le 1er février 1771, MM. Noël Lerat, maire, Christophe Grainville, Pierre Loir et Louis-Nicolas Bullet-Deslondes, échevins, acquirent de M. Pierre-René de La Roque, chevalier, seigneur et patron du bourg et paroisse de Serquigny, l'hôtel actuel, moyennant la somme de 28,000 livres de capital et 1,200 livres de pot-de-vin.

L'évêque, en sa qualité de seigneur temporel, demanda ou fit demander, à l'occasion de cette acquisition, que les officiers municipaux lui donnassent *un homme vivant, mou-*

rant et confiscant (1), ainsi qu'on peut le voir par les délibérations du corps municipal des 10 et 19 janvier 1781. Mais il paraît que cette demande n'eut pas de suite.

Depuis, les officiers municipaux ont fait beaucoup de changemens intérieurs à ce bâtiment, et ont fait construire les deux ailes actuellement existantes.

L'horloge était jadis celle du couvent des Mathurins; elle fut placée à l'Hôtel-de-Ville en 1797, d'après un arrêté de l'administration municipale, du 30 juin de la même année, et l'autorisation de l'administration départementale, du 21 dudit mois.

André Maillet, avocat fiscal au bailliage vicomtal, nommé le 17 mai 1779, installé le 25.

Louis-Jacques-Hippolyte Thillaye du Boullay, écuyer, échevin, nommé le 8 août 1782, installé le 17.

Le même, président du *comité général national*, le 26 juillet 1789, jusqu'au mois de février 1790.

_____

(1) Un homme vivant, mourant et confiscant est un homme que les communautés et gens de main-morte sont obligés de fournir au seigneur de fief, afin que, par sa mort ou forfaiture, le seigneur puisse jouir des droits qui lui sont acquis aux mutations, quand les héritages ne sont point amortis.   (*Dict. de Trévoux,*)

*Maires nommés d'après la loi du mois de
décembre 1789.*

François-Pierre Leroy-Beaulieu, avocat,
élu le 19 février 1790, installé le 28, ainsi
que les autres membres de la municipalité.

Thomas Gannel, élu le 13 novembre 1791,
installé le 20.

Michel Bloche, élu le 26 novembre 1792,
installé le 2 décembre.

*Maires nommés par les représentans du peuple
envoyés dans les départemens.*

Louis-Jean-René Prieur, nommé par les
représentans du peuple R. Lindet et Oudot,
le 17 octobre 1793, installé le 20, ainsi que
les nouveaux administrateurs et le conseil-
général, nommés par les mêmes.

Jean Coessin, nommé par le représentant
du peuple Frémanger, le 24 février 1794,
installé le 1er mars, ainsi que les nouveaux
administrateurs du district et de la commune.

Régime intérimaire.

Michel Bloche, nommé par le comité de
législation, le 5 avril 1795, installé le 17.

Présidens de l'administration municipale, d'après la constitution du 22 août 1795, et la loi du 5 septembpe de la même année.

Jean-Baptiste Vergé, nommé le 26 décembre 1795.

Pierre Lerebours, nommé le 5 mars 1796, installé le même jour.

Guillaume-François Ricquier, président provisoire, le 13 septembre 1797.

Jean-Jacques Nasse, président provisoire, le 12 octobre de la même année, et président définitif le 19 du même mois, installé le même jour.

Maires nommés d'après la loi du 17 février 1800.

Jean-Jacques Nasse, nommé le 26 avril 1800, installé le 15 mai.

Louis-Jacques-Hippolyte Thillaye du Boullay, ancien maire, nommé le 18 mars 1808, installé le 28 mai.

Jean-Jacques Nasse, nommé de nouveau le 10 avril 1813, installé le 27 août.

Joseph-François de Bellemare, nommé le 31 janvier 1816, installé le 8 février.

Maires nommés d'après la loi du 31 mars 1831.

Pierre Leroy-Beaulieu, nommé le 28 janvier 1832, installé le 6 février.

Nommé de nouveau le 16 décembre 1834, installé le 30 mars 1835.

Nommé de nouveau le 30 septembre 1837, installé le 2 novembre suivant.

Nommé de nouveau le 14 septembre 1840, installé le 10 janvier 1841.

Adrien-Benjamin Formeville, nommé le 11 mars 1842, installé le 20.

Nommé de nouveau le 17 novembre 1843, installé le 25.

Nommé de nouveau le 17 janvier 1847, installé le 23.

Jean-Lambert Fournet, nommé le 12 septembre 1847, installé le 22.

Commission municipale provisoire.

Jean-Baptiste-François de Salles Cosnard-Labretonnière; et ensuite :
Théodore Delaporte,
Présidèrent la commission qui administra depuis le 2 mars 1848 jusqu'au 25 septembre.

Maires nommés d'après le décret de l'Assemblée nationale du 3 juillet 1848.

Victor Godefroy, nommé le 3 octobre 1848, par le président du conseil des ministres, chargé du pouvoir exécutif, installé le 11.

Adjoints aux Maires de Lisieux, dupuis leur institution, par la loi du 17 février 1800.

Louis-François Lerebours, nommé le 26 avril 1800, installé le 5 mai.

Louis-Joseph Bellœil, nommé et installé le même jour.

Jean-Baptiste Manson, remplaçant M. Bellœil, nommé le 21 octobre 1801, installé le 15 avril 1802.

Louis-François-Gabriel Lebourgeois, remplaçant M. Lerebours, nommé le 23 avril 1807, installé le 29 mai.

Adrien-Benjamin Formeville, remplaçant M. Manson, nommé le 10 avril 1813, installé le 14 juin.

Jean-Baptiste-François-Pascal Fromage-Chapel, nommé le même jour pour remplacer M. Lebourgeois, n'accepta pas.

Jean-Louis Lemyre de Vilers, en remplacement de M. Lebourgeois, nommé le 9 décembre 1813, installé le 5 janvier 1814.

Charles-Pascal Lebret-du-Dézert, nommé le 30 avril 1815 par le commissaire extraordinaire de Napoléon dans la 14e division militaire, pour remplacer M. Lemyre de Vilers, installé le 18 mai.

M. Lemyre de Vilers, reprit ses fonctions d'après l'ordonnance de Loúis XVIII du 7 juillet 1815.

Etienne-François-Louis Bessin, remplaçant M. Lemyre de Vilers, appelé aux fonctions de commandant de la garde nationale, nommé le 16 octobre 1816, installé le 9 novembre.

Jacques-Guillaume Ricquier, remplaçant M. Bessin, démissionnaire, nommé le 25 avril 1828, installé le 2 août.

MM. Formeville et Ricquier, ci-dessus, nommés de nouveau le 28 janvier 1832, installés le 6 février.

Nommés de nouveau le 16 décembre 1834, installés le 30 mars 1835.

Nommés de nouveuu le 30 septembre 1837, installés, le premier, le 2 novembre, le deuxième, le 1er février 1838.

Nommés de nouveau le 14 septembre 1840, installés le 11 janvier 1841.

Antoine Labbey, remplaçant M. Ricquier, nommé le 29 septembre 1841, installé le 4 novembre.

Jean-Lambert Fournet, remplaçant M. Formeville, nommé le 14 janvier 1842, installé le 5 février.

Nommé de nouveau le 17 novembre 1843, installé le 25.

Michel-Henri Bloche, remplaçant M. Labbey, nommé le 17 novembre 1843, installé le 25.

Les mêmes nommés de nouveau le 7 janvier 1847, installés le 23.

Louis Daufresne, notaire, remplaçant M. Fournet, nommé le 12 septembre 1847, installé le 22.

Remplacé le 2 mars 1848 par la commission municipale provisoire.

Pierre-Jacques-Nicolas Boudin-Desvergées, nommé le 3 octobre 1848, n'accepta pas.

Nicolas-Édouard Thillaye-d'Heudreville, nommé le même jour, installé le 11.

François-Léopold Fauques, nommé le 26 octobre 1848, en remplacement de M. Boudin-Desvergées, installé le 11 novembre.

Charte de Thomas Bazin, sur la composition du corps municipal.

« A tous ceulx qui ces lettres verront;
» Thomas, par la permission divine,
» évesque et conte de Lisieux, salut.
» Comme pour l'entretenue, estat, police
» et conservacion de la chose publique, et
» en ensuyvant la police des autres villes du
» duché de Normandie, ait été despieça usé
» en notre ville de Lisieux, entre noz offi-
» ciers, bourgeois et habitans d'icelle, faire
» communicacion, et, pour ce, assembler à
» certain lieu par l'ordonnance de notre
» justice, pour et affin de pourvoir raison-
» nablement aux affaires touchant la fortif-
» ficacion, bien, prouffit et utilité de notre
» dite ville et de la chose publicque. Et soit
» ainsi que après notre venue audit éveschié

» et entrée faite à ladite ville, désirant sa-
» voir et cognoistre les manières et usages
» dont la police d'icelle ville en temps de
» noz prédécesseurs a esté gardée et entre-
» tenue, et par communicacion eue aux gens
» d'église, nobles, bourgeois et habitans
» d'icelle, aions trouvé que, pour subvenir
» aux besoins que chacun jour peut ou pour-
» roit survenir, a esté accoustumé que, par
» chacune sepmaine de l'an, ung jour en
» la sepmaine, certain nombre de notables
» personnes, bourgeois de notre dite ville,
» en présence de notre justice et des procu-
» reur et conseil d'icelle ville, doivent as-
» sembler pour communiquer et pourvoir à
» la garde et conservacion d'icelui bien pu-
» blicque à ladite ville, et à celle fin, et
» pour dénommer personnes notables qui
» puissent servir aux choses dessusdites,
» aient esté fait assemblée devant nous nos-
» dits bourgeois en nombre suffisant, dont
» les noms ensuyvent, c'est assavoir : Jehan
» de la Haie, Richard de la Reue, Guilbert
» Piel, Cardot Jehan, et Jehan Eschalart,
» Thomas Lecarpentier, Jehan Hellouyn,
» Jehan Filleul, Henry Gosset, Guillaume
» Malet, Guillot Landon, Guilbert Jonas,
» Colin Moriquet, Pierre Gravois, Michel
» Moulin, Jehan Huel, Colin Vagnel et
» Jehan Coupper; par lesquels ait esté très-
» instamment requis la chose publique estre
» gardée, et demeure par bon règle et pru-

» dence et ensemble des autres bonnes villes
» de Normandie, autant qu'il sera possible,
» sçavoir faisons que nous eue sur ce, déli-
» béracion, à noz conseulx et par la dénon-
» ciacion de nosdits bourgeois et habitans,
» ont esté ordonnez eslus pour ceste année
» présente, commençant le premier jour du
» mois d'avril prouchain venant : c'est
» assavoir : Lesdits Guilbert Piel, Jehan
» Filleul, Jehan Hellouyn et Colin Vagnel,
» nommez et députez par nosdits bourgeois
» et habitans gens conseillers de ladite ville,
» pour assemblés en la compaignie des
» conseil, procureur, mesnagers et receveur
» d'icelle ville, en présence de notre justice,
» ung jour par chacune sepmaine de l'an,
» ou plus se le besoin le requiert, ainsi et de
» la manière qu'il a esté accoustumé en
» temps de noz prédécesseurs, pour traicter
» des besoings et affaires de notre dite ville,
» ainsi qu'il appartiendroit, oir et recevoir
» les comptes des receveurs et entremectiers
» d'icelle, réserve que aux choses qui seront
» de conséquence, et espéciallement à faire
» closture de comptes ; les dessusdits seront
» tenus appeller nombre suffisant de nosdits
» bourgeois avecques eux. Et, pour la com-
» pensacion, les dessusdits Piel, Filleul,
» Hellouyn et Vagnel, de leurs vacacions,
» leur a esté ordonné pour chacun d'eulx
» la somme de cent solz tournois, pour la-
» dite année, a estre paiez par le receveur

» de ladite ville, en telle manière et condi-
» cions ; se ilz ou aucun d'iceux deffaillent
» à comparoir au jour ou jours ordonnez
» assemblée, celui ou ceulx qui deffauldront
» perdront leurs gaiges pour le jour de def-
» fault, et avecques ce paieront deux solz
» d'amende qui leur seront rabattus de leurs
» gaiges, au cas qu'ils n'auraient excusation
» raisonnable, de laquelle seront tenus faire
» sçavoir à notre ditte justice ou au procu-
» reur de laditte ville, affin deue.

» Donné pour tesmoing de ce, sous le scel
» de notre chambre, le pénultième jour de
» mars, l'an de grâce mil CCCC quarante-
» huit, après Pasques. »

Charte de fondation et établissement d'une Chambre de Ville à Lisieux.

« Comme pour nécessité urgente, afin de
» continuer et tenir en état la fortification
» de la ville de Lisieux, appartenant à
» Réver, père en Dieu Monsieur l'Evêque
» et comte de Lisieux, comme seigneur tem-
» porel de la ville, *eût*, à grande et mûre
» délibération, *ordonné à ses juges et officiers*
» de ladite ville *faire* estre et *assembler* cer-
» tain *nombre de bourgeois et notables per-*
» *sonnes*, toutes les fois que métier serait,
» *pour les œuvres*, négoces et affaires tou-
» chant la dite *fortification, police, état et*
» *entremise* des choses requises au bien,

» honneur et décoration de ladite ville, *et de*
» *commettre officiers pour le régime,* entre-
» mise et usitation *d'icelle.* En entretenant
» laquelle ordonnance ayent été et *soient*
» *chacun an, par l'autorité de justice* et de
» ses officiers, *député certain nombre de bour-*
» *geois,* tant pour le *ménage* et entremise des
» ouvrages *d'icelle fortification, comme con-*
» *seillers pour ladite ville,* lesquels aient re-
» gardé et considéré que chose très-néces-
» saire était pour l'utilité et honneur de la-
» dite ville et de la chose publique, d'avoir
» un lieu propre, tant pour l'assemblement
» des bourgeois que pour mettre les provi-
» sions, habillemens et ustensiles nécessaires
» à la conservation de ladite fortification ;
» et, à cette fin, ayant senty et requis ou
» de qui et comme acquérir le pourroient,
» et tant y aient besogné que *ils aient acquis*
» *de nouvel d'Olivier Noël,* écuyer, et la de-
» moiselle sa femme, *un manoir, jardin et*
» *héritage,* assis en la ville de Lisieux, qui
» fut et appartient à Guillaume du Gray,
» borné et confronté par bouts et côtés, des
» lettres de ladite acquisition, en la juridic-
» tion et seigneurie de mondit sieur de Li-
» sieux, *devers lequel lesdits bourgeois, en*
» *nombre suffisant,* soient tournés, en lui de-
» mandant humblement congé, autorité et
» licence dudit manoir, jardin et héritage
» tenir, connoissant que, sans iceux congé

» et licence, avoir de lui tenir ne le pour-
» roient.

» Sçavoir faisons que furent présens, d'une
» part Monsieur l'évêque, et....... *(deux*
» *lignes sont laissées en blanv), tous conseillers*
» *et bourgeois de ladite ville ;* d'autre part les
» quieux, *connoissant* que à Monsieur l'é-
» vêque et comte de Lisieux et à ses officiers
» *compète* et appartient la police, juridiction
» et régime de la chose publique de sa cité,
» *aussi la création des officiers et entremettiers*
» *du fait de la communauté* de sadite cité, à
» la nomination desdits bourgeois, et que,
» par son autorité et congé ou de ses offi-
» ciers, peuvent et doivent lesdits bourgeois
» et conseillers s'assembler, ainsi que du
» temps précédent a toujours été fait, et non
» autrement, ensemble ou par son congé et
» licence, le bon règle, état et police avoit
» été mis sus en ladite cité, et, à ce moyen,
» étoient lesdits bourgeois et habitants par-
» venus à convallerence de faire ladite acqui-
» sition, qui, pour le temps advenir, au
» plaisir de Dieu notre créateur, servira à
» la chose publique de ladite ville, sous la
» conduite et bonne entremise de mondit
» sieur et ses officiers, demandèrent en sup-
» plication, révérence et honneur à mondit
» sieur qu'il vouloit à ladite acquisition
» mettre sondit consentement à ce que les-
» dits bourgeois et habitants, en usant de
» ladite acquisition, pussent tenir eux et

» leurs successeurs, bourgeois et habitants,
» ledit manoir, jardin et héritage, lequel
» mondit sieur l'évêque, pour la considéra-
» tion des choses dessusdites, voulant le
» bien, augmentation et accroissement de la
» ville, fortification et emparement, et sans
» préjudice de ses droits et juridiction, dont
» il fait rétintion, voulut consentit et ac-
» corda que lesdits bourgeois et habitants
» en nom et la communauté de ladite ville
» tiennent, jouissent et possèdent ledit ma-
» noir et jardin et héritage jouxte leur ac-
» quisition par lui, en faisant et payant les
» rentes et devoirs sur ladite maison, jardin
» et héritage lui est tenu faire d'ancienneté,
» et toutes les choses dessusdites mondit
» sieur, de sa part, lesdits bourgeois et ha-
» bitants de la leur, il faut pour eux que
» pour tenir succession chacun pour son
» fait et regard, promirent tenir et observer
» fermement, sans nul défaut sur l'obliga-
» tion.

» Et plus bas est écrit : Collation faite de
» la présente copie sur en écrit ou papier non
» signé ni approuvé, à cette fin exibé et
» présenté par maître Simon Amiot, au nom
» de procureur et solliciteur des affaires de
» Monsieur le Révérendissime évêque et
» comte de Lisieux, et à lui rendu après
» ladite collation faite à sa requête, par
» ledit seigneur, par les tabellions pour le
» roi notre sire, à Lisieux, soussignés en

» leur écriture ordinaire, cejourd'hui, sur
» et après 4 heures après midi, onze avril
» 1617, en présence de nos vénérables et
» discrètes personnes maître Jacques Borel,
» chanoine et trésorier en ladite église pour
» le sieur Haut-Doyen d'icelle église; Jean
» Toustain et Pierre Rioult, aussi chanoines
» prébendés en ladite église, pour le véné-
» rable chapitre d'icelle église, ayant été
» assignés pour y être présens, si faire le
» veuloient; jouxte la relation de Germain
» Devy, sergent royal de la vicomté d'Orbec,
» de cedit jour, aussi rendue audit Amiot,
» pour lui valoir et servir audit seigneur
» évêque qu'il appartiendra. Signé : Amiot,
» Picquot et Hain, avec paraphe. Collation
» faite de la présente copie sur ladite copie
» dessus, copie étant aux archives de l'évê-
» ché de Lisieux, et icelle délaissée en icelle,
» après ladite collation, par nous notaire
» pour le roi notre sire, à Lisieux, sous-
» signé, cejourd'hui, dernier jour de mars
» 1696, pour valoir et servir à Mgr l'évêque
» et comte de Lisieux qu'il appartiendra.
» Signé Morel et Surlencourt. Au dos est
» écrit : Etablissement de la Chambre de
» Ville, à Lisieux, en 1447. »

FIN.